★ EN VEDETTE DANS CE LIVRE ★

LEAELLYNASAURA

(LÉLI-nazo-RAAH!)

SAVAIS-TU QUE...

Leaellynasaura, un herbivore de la taille d'une dinde, survivait dans une partie de l'Australie qui se trouvait beaucoup plus au sud pendant le Crétacé inférieur? À l'époque, cette masse de terre était rattachée à un vaste continent polaire. Brrr!

Leaellynasaura signifie « le lézard de Leaellyn »

PLANTONS LE DÉCOR

Tout a commencé quand les premiers dinosaures sont apparus il y a environ 231 millions d'années, pendant le Trias.

C'était le début de l'ère des dinosaures, une période où ils allaient être les rois du monde !

Les scientifiques appellent cette période le

MÉSOZOÏQUE.
(mé-zo-zo-ic)

Elle a duré si longtemps qu'ils l'ont divisée en trois parties.

Le TRIAS

← **51** millions d'années →

Le JURASSIQUE

← **56** millions d'années

il y a **252** millions d'années

il y a **201** millions d'années

Leaellynasaura a existé durant le Crétacé,
il y a entre 110 et 118 millions d'années.

Le CRÉTACÉ

79 millions d'années

il y a **145** millions d'années

il y a **66** millions d'années

BULLETIN MÉTÉO

La Terre n'a pas toujours été comme on la connaît. Avant les dinosaures et au début du Mésozoïque, tous les continents étaient soudés et formaient un supercontinent appelé « la Pangée ». Au fil du temps, les choses ont changé, et à la fin du Crétacé, la Terre ressemblait plutôt à ceci.

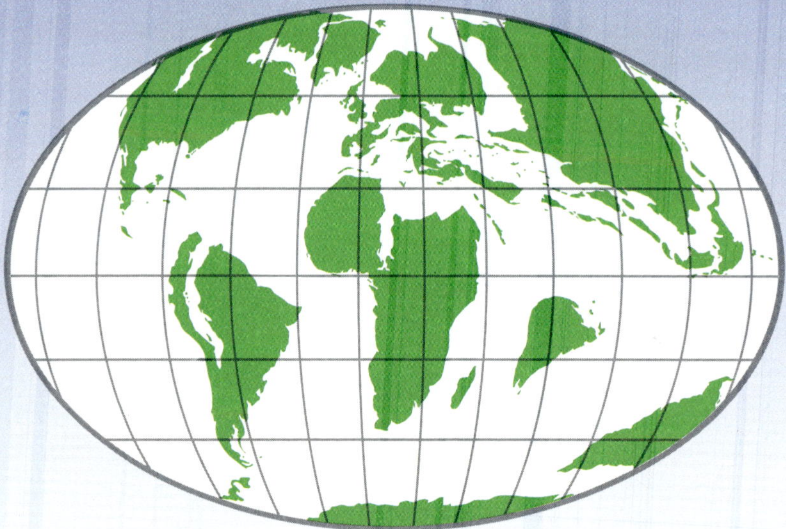

CRÉTACÉ IL Y A 66 MILLIONS D'ANNÉES

Ce nom vient du mot « craie » en latin

TRIAS

Extrêmement chaud, sec et poussiéreux

JURASSIQUE

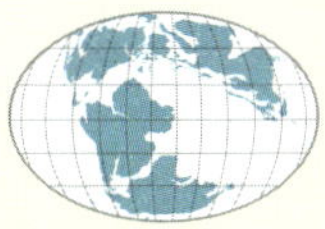

Très chaud, humide et tropical

CRÉTACÉ

Chaud, pluvieux et saisonnier

Durant le Crétacé, une partie de l'Australie se trouvait près du pôle Sud, et pendant les hivers froids et sombres, le sol était gelé en permanence.

D'OÙ VIENT-IL ?

Voici ce que nous savons à ce jour et où nous l'avons découvert…

L'AUSTRALIE
DINOSAUR COVE

CE SONT LES PALÉONTOLOGUES **THOMAS RICH et PATRICIA VICKERS-RICH** QUI ONT DONNÉ SON NOM À LEAELLYNASAURA, EN 1989.

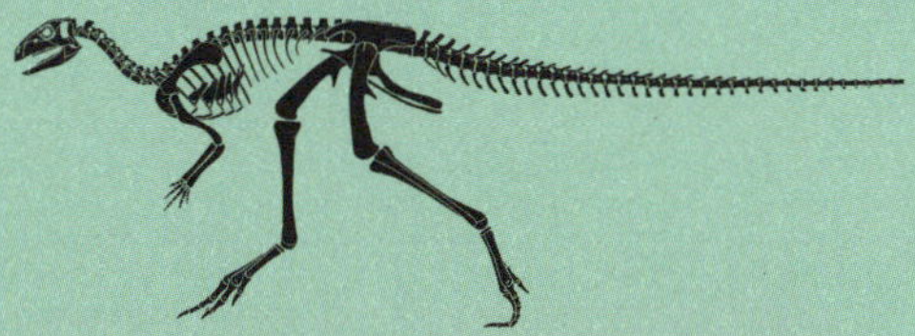

CE QU'ON A DÉCOUVERT :

Des fragments de squelettes, des dents et des os de crâne

En creusant une étroite bande rocheuse de Dinosaur Cove dans l'État de Victoria à la pointe sud de l'Australie pour y trouver des fossiles, Thomas Rich et Patricia Vickers-Rich, accompagnés d'un groupe de mineurs et de volontaires, ont découvert les restes partiels d'un dinosaure qu'ils ont nommé en hommage à leur fille Leaellyn.

Leaellyn n'avait que 10 mois la première fois qu'elle a accompagné ses parents dans leurs recherches de fossiles, et elle était même présente lors de la découverte des ossements de *Leaellynasaura*, quelques années plus tard.

PORTRAIT

Pendant le Crétacé, dans la région polaire de l'Australie, les végétaux étaient rares durant les mois hivernaux, mais ce rude climat ne menaçait pas du tout la survie de *Leaellynasaura*.

Regardons *Leaellynasaura* pour voir en quoi il était spécial, fascinant et complètement extraordinaire !

LEAELLYNASAURA

40 centimètres des orteils à la hanche

Avec ses 40 centimètres qui en faisaient l'un des plus petits dinosaures du Crétacé, *Leaellynasaura* aurait facilement pu passer par l'ouverture d'une porte. Cela dit, on ne connaît *Leaellynasaura* qu'à partir des restes d'un jeune spécimen. Les adultes étaient donc plus grands, mais ils auraient eux aussi facilement pu passer par une porte !

PORTE

2 mètres

Hauteur à la hanche

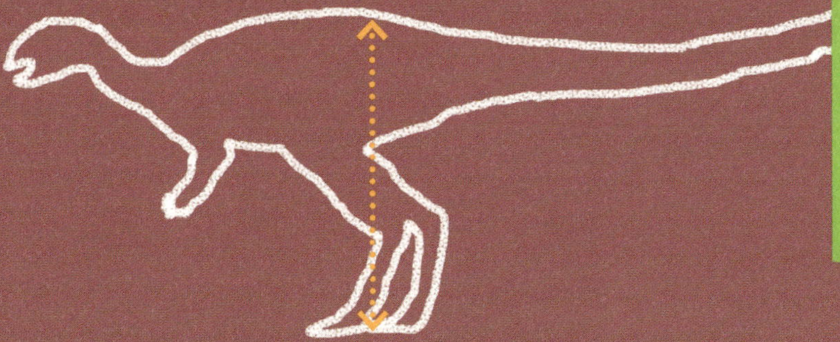

Longueur : jusqu'à 1,2 mètre

Hauteur : 40 centimètres des orteils à la hanche

Poids : de 5 à 10 kilogrammes

LEAELLYNASAURA

AUTOBUS À ÉTAGE

Longueur : 11 mètres Hauteur : 4,5 mètres Poids : 8000 kilogrammes (vide) Largeur : 2,5 mètres

BICYCLETTE D'ENFANT

Longueur : 40 centimètres Hauteur : 50 centimètres Poids : 4 kilogrammes

SOURIS

TROUILLE-O-MÈTRE

Où se classe *Leaellynasaura* ?

AUCUNEMENT TERRIFIANT

1	2	3	4	5

↑

Comparé à beaucoup d'autres dinosaures, *Leaellynasaura* était petit, léger et agile, donc capable de filer à toute vitesse dans la forêt pour échapper aux gros carnivores polaires.

HaAAAa!!!

Continue de lire pour savoir quel animal effrayait *Leaellynasaura* !

6 7 8 9 10

COMPLÈTEMENT TERRIFIANT

JUGEOTE

Quand nous avons commencé à découvrir des dinosaures, nous pensions qu'ils étaient plutôt stupides !

Par la suite, quelques scientifiques ont cru que certains dinosaures avaient un second cerveau près de leur derrière ! On sait aujourd'hui que rien de cela n'est vrai.

Les scientifiques reconnaissent maintenant que les dinosaures n'avaient qu'un seul cerveau et qu'ils étaient plutôt futés pour des reptiles. Certains comptaient même parmi les plus intelligentes créatures sur Terre pendant le Mésozoïque. Cela dit, la plupart des mammifères actuels n'auraient rien à leur envier sur ce plan.

En tenant compte de :

- leur taille
- la taille de leur cerveau
- leur odorat
- leur vue

les scientifiques sont en mesure de les comparer les uns aux autres...

OÙ FIGURE LEAELLYNASAURA, UN HERBIVORE, AU PALMARÈS DES CERVEAUX ?

TROODON (tro-OH!-don)		**10/10** CARNIVORE (le plus intelligent)
TYRANNOSAURUS REX (ti-RAAAH!-nozo-RUSS rex)		**9/10** CARNIVORE
LEAELLYNASAURA (LÉLI-nazo-RAAH!)	minuscule! 	**7/10** HERBIVORE
IGUANODON (i-GWA-no-DON)		**6/10** HERBIVORE
STEGOSAURUS (STÉGO-zo-RUSS)		**3/10** HERBIVORE
DIPLODOCUS (di-PLO-do-KUSS)		**2/10** HERBIVORE (pas tellement intelligent)

Les dinosaures sont représentés à l'échelle !

RAPIDOMÈTRE

Petit, bipède (« qui marche sur ses deux pattes arrière ») et agile, il avait tout pour filer au travers des denses forêts qui caractérisaient l'Australie polaire à cette époque.

RAPIDE

SON ÉQUIPEMENT

Comme dans la coupe d'un arbre, on peut voir dans les os des lignes que l'on appelle « lignes d'arrêt de croissance », ou « LAC ». Grâce à ces lignes, les scientifiques savent si l'animal hiberne (« qui dort tout l'hiver ») ou non. Les LAC de *Leaellynasaura* montrent que sa croissance ralentissait pendant les périodes froides, probablement parce que l'ensoleillement était limité ou nul et que cela rendait la nourriture plus rare. C'est pour cette raison que les paléontologues croient que *Leaellynasaura* n'hibernait pas et qu'il restait actif toute l'année, malgré les conditions polaires.

Cette découverte est à l'origine du débat à savoir si les dinosaures avaient le sang chaud ou froid, voire une combinaison des deux. *Leaellynasaura* avait pour sa part peut-être le sang chaud, ce qui lui aurait permis de réguler lui-même la température de son corps pour survivre à la froideur hivernale.

TERRIERS

Dans des rochers situés à proximité du lieu où a été découvert *Leaellynasaura*, des chercheurs ont trouvé des terriers creusés à l'époque où ce dinosaure existait. On suppose que *Leaellynasaura* a pu creuser certains de ces terriers pour se protéger du froid extrême.

YEUX ET CERVEAU

Les immenses lobes optiques (les parties du cerveau qui sont reliées aux yeux) de ce dinosaure indiquent qu'il voyait très bien dans la pénombre. Cela lui était sans doute utile pour chercher de la nourriture le jour comme la nuit.

QUEUE

La queue de *Leaellynasaura* faisait trois fois la longueur de son corps et comprenait jusqu'à 70 vertèbres (les os du dos et de la queue). Elle était donc très longue et flexible.

Elle avait les caractéristiques requises pour l'aider à se diriger quand il filait dans la forêt ou pour attirer des partenaires. On pense aussi qu'il pouvait l'enrouler autour de son corps pour conserver sa chaleur.

DENTS

Même s'il n'avait pas de dents et de griffes mortelles, *Leaellynasaura* survivait sans difficulté à la rudesse du climat.

Comme chez tous les dinosaures, ses petites dents jugales en forme de feuille relativement pointue, qui servaient à broyer la nourriture, tombaient à mesure qu'elles s'usaient et étaient remplacées par de nouvelles.

Dent de 5 millimètres en taille réelle

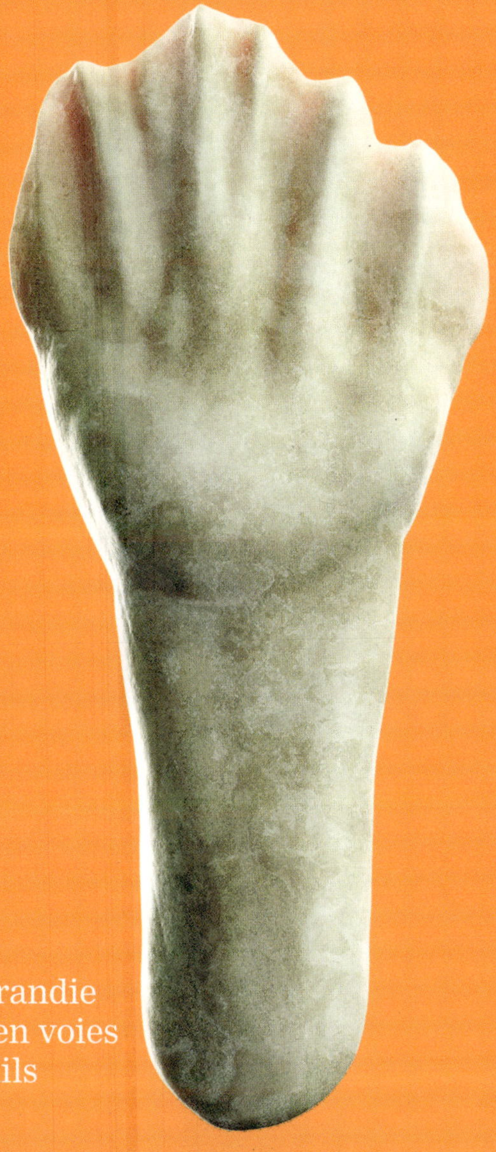

La voici agrandie pour que tu en voies les détails

AU MENU

Leaellynasaura utilisait sa gueule en forme de bec pour manger des fougères et de la prêle poussant près du sol.

Pendant les mois d'hiver, on pense qu'il fouillait le tapis forestier pour y trouver des plantes et des petits fruits épargnés par le gel.

QUI HABITAIT DANS LE MÊME
VOISINAGE?

Voici deux dinosaures qui habitaient la même partie de l'Australie actuelle que *Leaellynasaura*…

THÉROPODE

(téro-POD)

Quelques os dispersés, dont certains ayant appartenu à de gros théropodes, ont été trouvés près de restes de *Leaellynasaura* et datent de la même époque. Un spécimen composé de fragments a aussi été découvert par Thomas Rich et Patricia Vickers-Rich. Ils l'ont nommé *Timimus* (timi-MUSS) en hommage à leur fils Tim et au célèbre climatologue Tim Flannery !

MUTTABURRASAURUS

(muta-BURA-zo-RUSS)

Nous n'avons jamais trouvé d'os de *Muttaburrasaurus* à proximité de restes de *Leaellynasaura*, mais nous savons qu'ils ont existé plus ou moins en même temps. Et puisque les deux espèces habitaient les régions forestières, il est possible qu'elles se soient côtoyées. Malgré ses 8 mètres de long, *Muttaburrasaurus* ne représentait aucune menace, car il ne se nourrissait que de plantes.

QUEL ANIMAL VIVANT AUJOURD'HUI RESSEMBLE LE PLUS À LEAELLYNASAURA ?

Comme *Leaellynasaura*, l'écureuil possède une impressionnante queue. Aussi longue que son corps, il peut l'enrouler autour de celui-ci pour rester au chaud l'hiver.

Ces deux animaux utilisent leur queue pour maintenir leur équilibre et se diriger : *Leaellynasaura* s'en servait pour se diriger quand il courait et l'écureuil utilise la sienne pour garder l'équilibre quand il bondit d'une cime à l'autre ou quand il fait l'équilibriste sur un fil de téléphone !

Fait intéressant, aucun des deux n'hiberne. Cela dit, l'écureuil se creuse un terrier pour se protéger de la froideur hivernale, et il est possible que *Leaellynasaura* en faisait autant.

QU'Y A-T-IL DE SI GÉNIAL À PROPOS DE LEAELLYNASAURA ?

PÉRIODE D'EXISTENCE

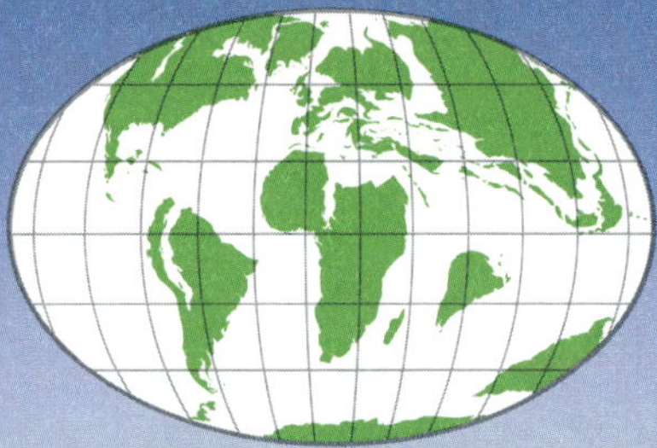

CRÉTACÉ il y a de 110 à 118 millions d'années

TAILLE DES DENTS

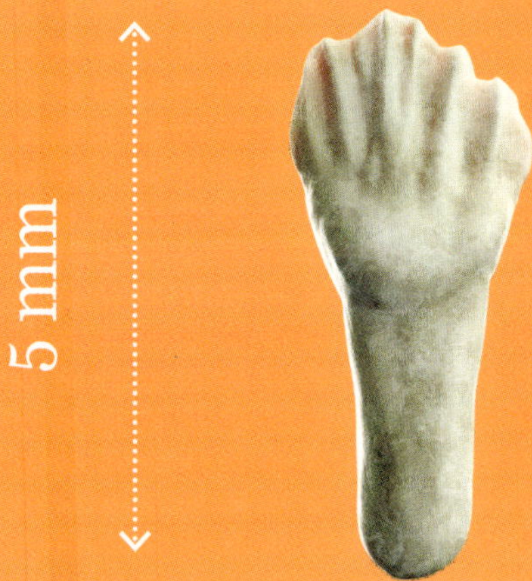

POIDS

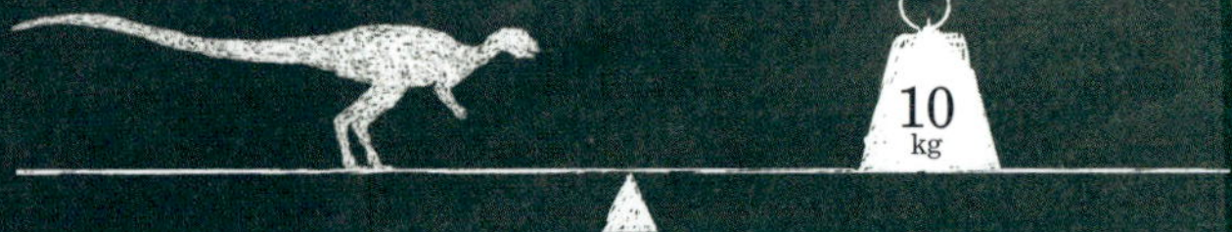

RAPIDE OU LENT ?

RAPIDITÉ

6 sur 10

EN BREF

DÉCOUVERTES À CE JOUR

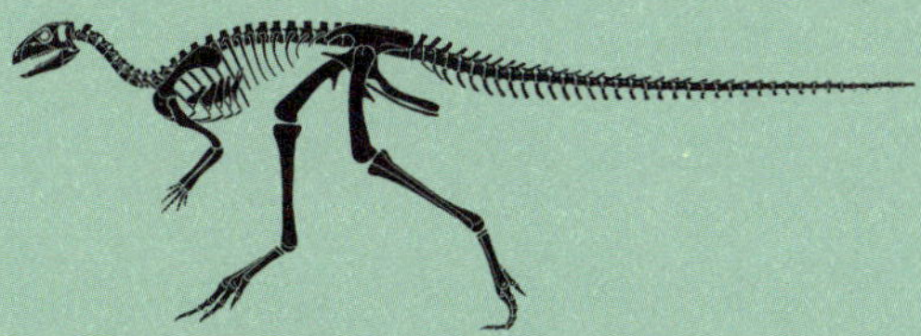

DES SQUELETTES PARTIELS, DES DENTS ET DES OS DE CRÂNE

TERRIFIANT OU PAS ?

TROUILLE-O-MÈTRE

1

VIANDE OU PLANTES ?

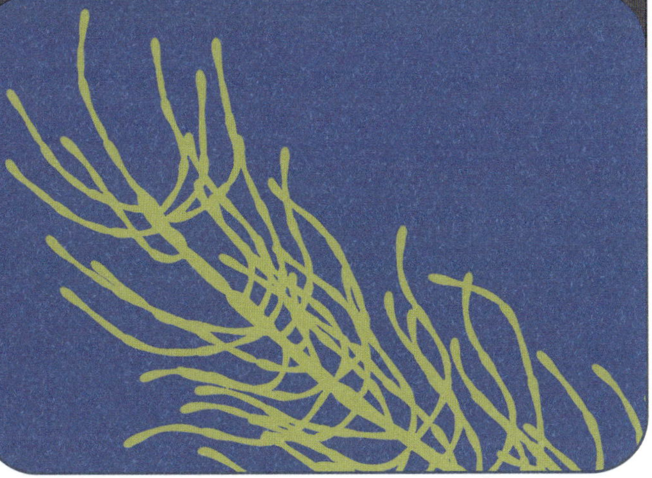

SON ÉQUIPEMENT

LONGUE QUEUE

GROS YEUX

AS-TU LU TOUTE LA SÉRIE ?

À PARAÎTRE BIENTÔT :

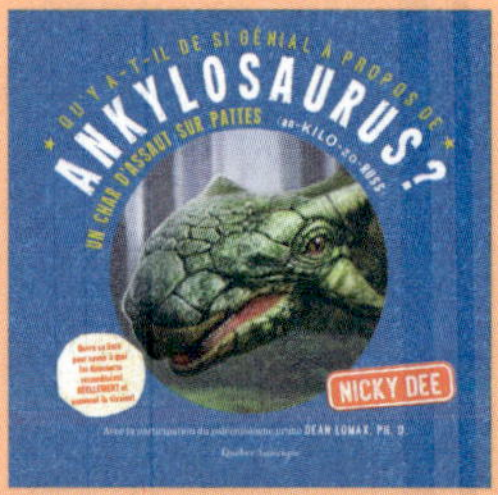

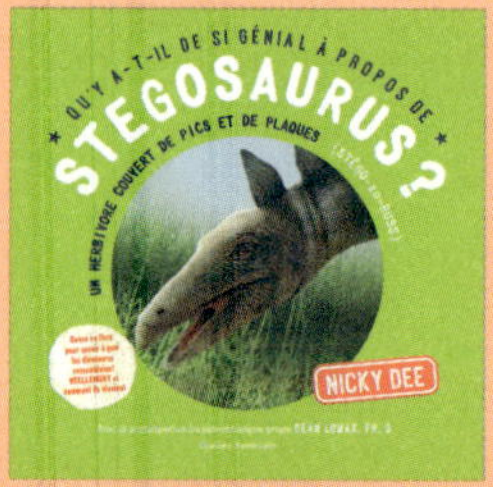

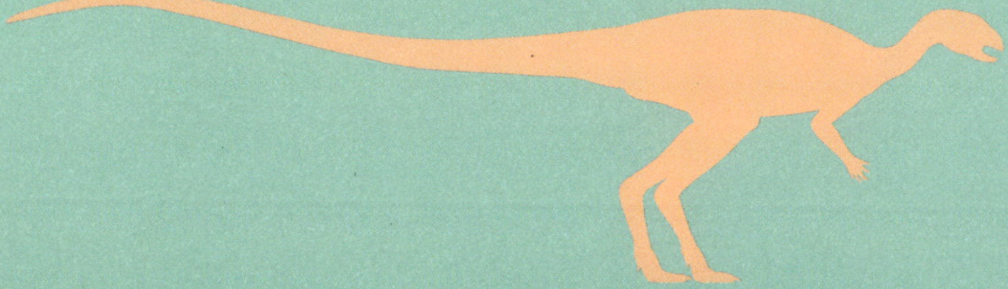

Projet dirigé par Flore Boucher

Traduction : Olivier Bilodeau
Mise en pages : Damien Peron
Révision linguistique : Sabrina Raymond

Québec Amérique
7240, rue Saint-Hubert
Montréal (Québec) Canada H2R 2N1
Téléphone : 514 499-3000, télécopieur : 514 499-3010

Ce texte privilégie la nomenclature zoologique par opposition aux noms vernaculaires des animaux.

Nous reconnaissons l'aide financière du gouvernement du Canada.

Nous remercions le Conseil des arts du Canada de son soutien.
We acknowledge the support of the Canada Council for the Arts.

Nous tenons également à remercier la SODEC pour son appui financier. Gouvernement du Québec – Programme de crédit d'impôt pour l'édition de livres – Gestion SODEC.

Canada | Conseil des arts du Canada / Canada Council for the Arts | SODEC Québec

Catalogage avant publication de Bibliothèque et Archives nationales du Québec et Bibliothèque et Archives Canada

Titre : Leaellynasaura / Nicky Dee ; collaboration, Dean Lomax [et cinq autres] ; traduction, Olivier Bilodeau.
Autres titres : Leaellynasaura. Français
Noms : Dee, Nicky, auteur.
Description : Mention de collection : Qu'y a-t-il de si génial à propos de… ? | Documentaires |
Traduction de : Leaellynasaura.
Identifiants : Canadiana (livre imprimé) 20210068515 | Canadiana (livre numérique) 20210068523 | ISBN 9782764446614 | ISBN 9782764446621 (PDF)
Vedettes-matière : RVM : Hypsilophodontidés—Ouvrages pour la jeunesse. | RVM : Dinosaures—Ouvrages pour la jeunesse. | RVMGF : Albums documentaires.
Classification : LCC QE862.O65 D4414 2022 | CDD j567.914—dc23

Dépôt légal, Bibliothèque et Archives nationales du Québec, 2022
Dépôt légal, Bibliothèque et Archives du Canada, 2022

Titre original : *What's so special about Leallynasaura?*
Published in 2021 by The Dragonfly Group Ltd

email info@specialdinosaurs.com
website www.specialdinosaurs.com

Imprimé au Canada

REMERCIEMENTS

Dean Lomax, Ph. D.
Paléontologue remarquable plusieurs fois récompensé, auteur et communicateur scientifique, M. Lomax a collaboré à la réalisation de cette série à titre d'expert-conseil.
www.deanrlomax.co.uk

David Eldridge et The Curved House
Pour la conception et le graphisme originaux du livre.

Gary Hanna
Artiste 3D de grand talent.

Scott Hartman
Paléontologue et paléoartiste professionnel, pour les squelettes et les silhouettes.

Ian Durneen
Artiste numérique de haut niveau, pour les illustrations numériques des dinosaures en vedette.

Ron Blakey
Colorado Plateau Geosystems Inc.
Créateur des cartes paléogéographiques originales.

Ma famille
Pour sa patience, ses encouragements et son soutien extraordinaire. Merci !